essentials

Bruno S. Frey

Wirtschaftswissenschaftliche Glücksforschung

Kompakt – verständlich – anwendungsorientiert

Bruno S. Frey
Universität Basel
Basel, Schweiz

ISSN 2197-6708 ISSN 2197-6716 (electronic)
essentials
ISBN 978-3-658-17777-5 ISBN 978-3-658-17778-2 (eBook)
DOI 10.1007/978-3-658-17778-2

Die Deutsche Nationalbibliothek verzeichnet diese Publikation in der Deutschen Nationalbibliografie; detaillierte bibliografische Daten sind im Internet über http://dnb.d-nb.de abrufbar.

Springer Gabler

Gedruckt auf säurefreiem und chlorfrei gebleichtem Papier

Springer Gabler ist Teil von Springer Nature
Die eingetragene Gesellschaft ist Springer Fachmedien Wiesbaden GmbH
Die Anschrift der Gesellschaft ist: Abraham-Lincoln-Str. 46, 65189 Wiesbaden, Germany

- Glücklich zu sein ist das wichtigste Ziel der Menschen überall auf der Welt.
- Glück ist mittels sorgfältiger Befragungen messbar. Am glücklichsten sind die Menschen in den skandinavischen Ländern und in der Schweiz; am unglücklichsten sind die Menschen in armen Entwicklungsländern.
- Die wichtigsten Bestimmungsgründe des Glücks sind die genetische Ausstattung; physische und psychische Gesundheit und befriedigende soziale Beziehungen; die wirtschaftlichen (Einkommen, Beschäftigung) und die politischen Bedingungen (Menschenrechte, Demokratie und Autonomie).
- Menschen können sich darüber irren, was sie in der Zukunft glücklich macht. Deshalb sollten sie das Glück nicht gezielt anstreben, sondern ein gutes Leben führen.
- Der Staat soll die Grundlagen für ein gutes Leben schaffen und über die Bestimmungsgründe des Glücks informieren, nicht jedoch das Glück der einzelnen Personen zu maximieren versuchen.

Inhaltsverzeichnis

Über den Autor

Bruno S. Frey Studium der Nationalökonomie an den Universitäten von Basel und Cambridge (England), Doktorat 1965 und Habilitation 1969 an der Universität Basel. 1969–2006 Außerordentlicher Professor an der Universität Basel; 1970–1977 Ordentlicher Professor für Finanzwissenschaft an der Universität Konstanz; 1977–2012 Professor für Volkswirtschaftslehre an der Universität Zürich; 1990–1991 Visiting Research Professor an der Universität Chicago, 2010–2013 Distinguished Professor of Behavioural Science an der Warwick Business School an der University of Warwick, UK, 2013–2015 Ständiger Gastprofessor an der Zeppelin Universität in Friedrichshafen. Seither Ständiger Gastprofessor an der Universität Basel, Center for Research in Economics and Well-Being (CREW). Außerdem Forschungsdirektor bei CREMA – Center for Research in Economics, Management and the Arts, Zürich.

Dr. honoris causa der Universitäten St. Gallen, Göteborg, der Freien Universität Brüssel, der Universität Aix-en-Provence/Marseille und der Universität Innsbruck. Fellow der Public Choice Society; Fellow der Royal Society of Edinburgh (FRSE); Distinguished CESifo Fellow; Distinguished Fellow der Association for Cultural Economics, International; Gewinner des ersten Stolper-Preises des Vereins für Socialpolitik (der Gesellschaft aller deutschsprachigen Ökonomen).

Forschungsschwerpunkt ist die Anwendung der Ökonomie auf neue Bereiche (Politik, Kunst, Geschichte, Konflikt, Familie) und die Erweiterung des Modells menschlichen Verhaltens durch Einbezug psychologischer und soziologischer Elemente.

Zahlreiche Bücher in verschiedenen Sprachen und Publikationen in führenden Fachzeitschriften.

Menschen wollen glücklich sein

Zu allen Zeiten und in allen Ländern der Welt ist das wichtigste Ziel im Leben glücklich zu sein. Sicherlich gibt es auch einige andere Ziele, wie menschliche Entwicklung, Tugend, Gerechtigkeit, Kameradschaft, Freiheit oder Solidarität. Diese haben jedoch einen geringeren Stellenwert oder werden als eine besondere Version des „Glücks" angesehen.

Was „Glück" bedeutet, ist zeit- und kulturabhängig. Im goldenen Zeitalter der Griechen betonten Philosophen wie Aristoteles, eine glückliche Person verhalte sich moralisch richtig. Das eigene Glück stand nicht im Vordergrund. Bei Gelehrten des christlichen Mittelalters, wie etwa bei Thomas von Aquin, war das Verhältnis zu Gott entscheidend. Die sich auf Konfuzius berufende ethische, weltanschauliche und staatspolitische Geisteshaltung in China und Ostasien betont das Verhältnis zwischen den Menschen und fokussiert damit die Qualität des Lebens innerhalb der Gesellschaft. Die heutige Sicht der Psychologie schließlich hebt drei Aspekte des subjektiven Wohlbefindens hervor: die Lebenszufriedenheit, das Vorhandensein einer positiven und die Abwesenheit einer negativen Gefühlslage. Das subjektive Wohlbefinden beinhaltet somit die Bewertung von guten und schlechten Aspekten des Lebens. Wohlbefinden wird nicht auf physischen Hedonismus reduziert, sondern bezieht sich auch auf die Freude, die beispielsweise aufgrund von erreichten Zielen entsteht. Die Selbstverwirklichungs-Theorie wiederum fordert die Befriedigung der drei psychologischen Voraussetzungen Autonomie, Kompetenz und persönliche Beziehungen, die eng mit der intrinsischen Motivation in Verbindung stehen.

In den letzten Jahrzehnten wird immer stärker bezweifelt, ob materieller Wohlstand uns glücklich macht: Die „wahre" Zufriedenheit komme aus dem Inneren des Menschen und sei deshalb unabhängig von den materiellen Bedingungen. Derartige Aussagen kommen hauptsächlich von Personen, denen es – zumindest aus historischer Perspektive – materiell gut geht. Die wirtschaftlichen

© Springer Fachmedien Wiesbaden GmbH 2017
B.S. Frey, *Wirtschaftswissenschaftliche Glücksforschung*, essentials,
DOI 10.1007/978-3-658-17778-2_1

Grundlagen des Wohlergehens werden dabei häufig als gegeben unterstellt. Heute besteht weitgehend Konsens, dass die bisher vorwiegende Ausrichtung der Wirtschafts- und Gesellschaftspolitik auf materielle Aspekte verfehlt ist. Der Konsum wirtschaftlicher Güter, so wie er durch das Sozialprodukt erfasst wird, kann allein nicht zufriedenstellen.

Für lange Zeit ist als selbstverständlich angenommen worden, ein höherer materieller Wohlstand führe automatisch zu mehr Lebenszufriedenheit. Dies kann für ein Land wie die Bundesrepublik Deutschland, das sich aus der unsäglichen materiellen Not eines Kriegs befreien musste, nicht erstaunen. Die Menschen waren zu Recht erleichtert, wieder genügend zu essen und eine Unterkunft zu haben. Aber auch in Ländern, die weniger durch die Zerstörungen des Zweiten Weltkriegs gelitten hatten, wurde die Versorgung mit materiellen Gütern weitgehend mit erhöhter Zufriedenheit gleichgesetzt. Dies änderte sich in den letzten Jahrzehnten. Nun ging es für die meisten Personen in den entwickelten Marktwirtschaften nicht mehr um die Versorgung mit Nahrungsmitteln und Wohnungen, sondern um noch schönere und bequemere Autos oder Luxusurlaube in immer exotischeren Ländern.

Auch in der Wirtschaftswissenschaft ist ein höherer materieller Wohlstand mit einem individuellen Nutzengewinn gleichgesetzt worden. Die Entwicklung des Konzepts des Sozialprodukts im Verlauf des Zweiten Weltkriegs war eine gesellschaftliche Innovation, die es zum ersten Mal ermöglichte, die gesamtwirtschaftliche Aktivität, also die für Konsum und Investition hergestellten Güter, zu erfassen. Entsprechend wurde ein steigendes Wohlfahrtsniveau mit einer Erhöhung des Sozialprodukts gemessen. Der Grund für diese Gleichsetzung war auch, dass es als unmöglich angesehen wurde, den Nutzen zu messen. Die Probleme des Vergleichs des Nutzens zwischen unterschiedlichen Personen wurden als zu schwerwiegend angesehen. Die moderne Wirtschaftstheorie entwickelte deshalb eine ökonomische Analyse, die keiner Nutzenmessung bedurfte.

Die in der Öffentlichkeit und der Wirtschaftswissenschaft übliche Gleichsetzung von materiellem Wohlstand und Lebenszufriedenheit ist aus historischer Sicht berechtigt. Ein höherer Lebensstandard hat der Menschheit sicherlich im Verlauf der Jahrhunderte und Jahrtausende zu einem besseren Leben verholfen. Dies mag zwar angezweifelt werden, weil viele von uns romantische Vorstellungen über die Qualität des Lebens in früheren Zeiten haben. Wäre es nicht schön, zur Zeit des Aristoteles in Athen, des goldenen Augusteischen Zeitalters in Rom, der Renaissance in Italien oder des blühenden Weimars eines Goethe und Schiller gelebt zu haben? Diese Vorstellungen erweisen sich jedoch als verfehlt, wenn wir uns die Lebensbedingungen in der Vergangenheit vor Augen führen.

Wer in diesen Zeiträumen lebte, musste auf Dinge verzichten, die für uns selbstverständlich sind. Unsere Vorfahren verfügten beispielsweise nicht über:

- Elektrizität und, mit dieser einhergehend, Licht, Telefon, Radio, Fernsehen, Kühlschränke, Röntgenstrahlen, sowie all die revolutionären Veränderungen in der digitalen Welt, repräsentiert durch Computer und Internet;
- Einfache Reisemöglichkeiten, wie wir sie heute durch Autos, Züge und Flugzeuge haben;
- Synthetische Materialien wie Plastik, Nylon, Vinyl und Tausende darauf aufbauender Produkte wie etwa CDs oder künstliche Gelenke.

All diese Produkte waren zu früheren Zeiten für niemanden erhältlich – zu keinem Preis. Auch wer noch so reich und noch so mächtig war, konnte bis vor 150 Jahren bei einer bakteriellen Erkrankung keine Antibiotika erhalten, und auch das lebensrettende Penicillin gab es noch nicht. Ganz allgemein war die medizinische Versorgung miserabel. Das Gleiche gilt für die Zahnmedizin. Tat ein Zahn weh, dann wurde er einfach (unter großen Schmerzen) herausgerissen. Eine Ausbildung war weitgehend den oberen Ständen vorbehalten. Bis zur Erfindung der Telegrafie im zweiten Viertel des 19. Jahrhunderts waren Gespräche nur von Angesicht zu Angesicht möglich. Die sanitären Verhältnisse selbst in den herrlichen Schlössern von Versailles oder Hampton Court können nur als scheußlich bezeichnet werden.

Materiell gesehen ist die Welt heute in einem weit besseren Zustand als selbst vor einem Jahrhundert. Heute verfügt eine Familie mit einem mittleren oder gar geringen Einkommen über mehr Möglichkeiten, ihr Leben angenehm zu gestalten, als dies früher selbst Königen und Kaisern möglich war. Dies reflektiert sich in einer dramatisch gestiegenen Lebenserwartung der Menschen. Vor nicht allzu langer Zeit betrug die Lebenserwartung im weltweiten Durchschnitt etwa 30 Jahre. Einige Personen wurden zwar „alt", dies bezog sich allerdings schon auf eine Lebensdauer von 50 oder 60 Jahren. Gerade wegen des frühen Verlusts der Zähne war ein hohes Alter damals auch äußerlich im Vergleich zu heutigen Verhältnissen schnell erreicht. Ein großer Anteil der Bevölkerung starb bereits im Säuglings- oder Kindesalter. Heute hingegen beträgt die mittlere Lebenserwartung bei der Geburt über 65 Jahre, in reichen Ländern um die 80 Jahre.

Aus diesen Gründen ist es sinnvoll, sich mit der grundlegenden Frage zu beschäftigen, welche Faktoren das menschliche Wohlbefinden über das Materielle hinaus bestimmen. Die Beschäftigung mit dem Glück hat einen gewaltigen Aufschwung erlebt. Die Medien sind voll von Erörterungen darüber, wer wie glücklich ist und vor allem, wie man glücklich werden kann. Die Wissenschaften haben sich intensiv mit diesen Fragen beschäftigt. Die Glücksforschung wird multidisziplinär von Sozialpsychologen, Ökonomen, Politologen und Soziologen betrieben. Sie ist stark empirisch orientiert und unterscheidet sich in dieser Hinsicht wesentlich von der Philosophie, die sich seit jeher analytisch und normativ dem Phänomen des Glücks anzunähern versucht hat.

Das Sozialprodukt ist als Maß zur Erfassung der kurz- und mittelfristigen wirtschaftlichen Entwicklung unverzichtbar. Es ist jedoch im Zuge der digitalen Neuerungen zunehmend weniger verlässlich geworden. Weil viele Leistungen unentgeltlich sind – wir brauchen nichts zu bezahlen, wenn wir auf dem Netz surfen –, werden sie auch nicht durch das Sozialprodukt erfasst, denn dort wird der „Wert" eines Gutes oder einer Dienstleistung anhand seines Preises erfasst. Dieser Wertmaßstab wird bei einem unentgeltlichen Angebot unbrauchbar. Deshalb ist es notwendig, mit alternativen Methoden zu erfassen, welchen Wohlfahrtsgewinn uns die digitale Welt bringt.

Glück ist messbar

Verschiedene Arten des Glücks

Es lassen sich verschiedene Typen des Glücks unterscheiden:

- momentane Gefühle der Freude, was in der Psychologie als positiver Affekt bezeichnet wird;
- die grundsätzliche Zufriedenheit mit dem Leben, die durch Befragungen zur Lebenszufriedenheit erfasst wird; und
- Glückseligkeit (griechisch: eudaimonia), die „Nebenprodukt" eines guten Lebens ist.

Eine andere Unterscheidung betont die zeitliche Dimension des subjektiven Wohlbefindens:

- Das erlebte Glück als kurzfristiger psychischer Zustand;
- Das vorausgesagte oder erwartete Glück;
- Das erinnerte Glück bezieht sich auf die Vergangenheit.

Psychologen haben uns gelehrt, wie Glück sinnvoll quantitativ erfasst werden kann. Sie haben genau untersucht, welche Messansätze vielversprechend sind. Das erfasste *subjektive Wohlbefinden* (der Fachausdruck für Glück) ist durch drei Aspekte charakterisiert:

- Die Messungen erheben bewusst keinen Anspruch auf Objektivität: Glück wird als etwas Subjektives angesehen;
- Es werden sowohl positive als auch negative Einflüsse auf das Glück betrachtet;

© Springer Fachmedien Wiesbaden GmbH 2017

B.S. Frey, *Wirtschaftswissenschaftliche Glücksforschung*, essentials,

DOI 10.1007/978-3-658-17778-2_2

- Das Glück wird ganzheitlich gemessen. Die Messungen sind somit nicht auf bestimmte Bereiche beschränkt (wie zum Beispiel auf Arbeitszufriedenheit oder Gesundheit).

Die gemessenen Werte für das Glück entsprechen gut den alltäglichen Vorstellungen, wie glücklich Menschen sind. Leute, die sich selbst in Befragungen als überdurchschnittlich glücklich bezeichnen, werden auch von anderen Personen als überdurchschnittlich glücklich eingeschätzt. Ihr Umfeld, das heißt ihr Partner, ihre Familie und Freunde, stuft sie als besonders glücklich ein. Darüber hinaus lächeln sich als glücklich bezeichnende Menschen häufiger, sie sind kontaktfreudiger, gesünder und brauchen weniger psychologische Unterstützung. Außerdem begehen sie weniger häufig Selbstmord.

Messmethoden

In der modernen Glücksforschung wird eine subjektive Anschauung von Glück verwendet; jeder Einzelne muss selbst definieren, was Glück für ihn bedeutet. Es gibt verschiedene Ansätze, wie man Glück im Rahmen einer solchen subjektiven Auffassung messen kann. Die verschiedenen Messmethoden erfassen in unterschiedlicher Weise die beiden grundsätzlichen Glückskomponenten: Affekt und Kognition. Affekt bezeichnet Stimmungen und Gefühle; sie können positiv oder negativ sein. Die kognitiven Aspekte beziehen sich auf das Rationale und Intellektuelle des subjektiven Wohlbefindens.

- *Befragungen zur subjektiven Lebenszufriedenheit*

Das Glück wird durch umfangreiche Befragungen einer repräsentativen Auswahl von Personen erfasst. Mithilfe von sorgfältigen Fragen wird die Selbsteinschätzung des Einzelnen betreffend seiner Lebenszufriedenheit ermittelt. Dahinter steht ein kognitiver Prozess, in dem die Befragten Vergleiche mit anderen Personen, Erfahrungen aus der Vergangenheit und Erwartungen für die Zukunft zur Einschätzung ihrer Lebenszufriedenheit heranziehen und verwerten.

Die Frage nach der subjektiven Lebenszufriedenheit lautet:

Wie zufrieden sind Sie insgesamt mit dem Leben, das Sie führen, auf einer Skala von 0 (völlig unzufrieden) bis 10 (völlig zufrieden)?

Diese Frage nach der Lebenszufriedenheit ist längerfristig orientiert („dem Leben, das Sie führen") und vermeidet kurzfristige emotionale Einflüsse. Entsprechend unterscheiden sich die Antworten bei einer mehrmaligen Befragung nur wenig. Außerdem sind die Unterschiede in der Lebenszufriedenheit zwischen Personen stabil. Fragt man hingegen unmittelbar nach dem „Glück", werden die Antworten erheblich durch kurzfristige Emotionen und vorübergehende äußere Einflüsse beeinträchtigt. So bezeichnen sich Personen bei schönem Wetter als glücklicher als bei schlechtem Wetter. Die Frage nach der Lebenszufriedenheit ist deshalb aussagekräftiger als die nach dem Glück.

Die Verteilung der Antworten, die unterschiedliche Personen auf die Frage nach ihrer Lebenszufriedenheit geben, ist bemerkenswert und überraschend: Die allermeisten Personen stufen sich selbst als glücklich ein.

Die Vereinigten Nationen haben im World Happiness Index für das Jahr 2016 eine umfassende Tabelle der von den Einwohnern eines Landes im Durchschnitt ermittelten subjektiven Lebenszufriedenheit auf der Skala von 0 (total unzufrieden) bis 10 (total zufrieden) aufgestellt.

Die glücklichsten Länder sind:

Dänemark	7,5
Schweiz	7,5
Island	7,5
Norwegen	7,5
Finnland	7,4
Kanada	7,4
Niederlande	7,3
Neuseeland	7,3
Australien	7,3
Schweden	7,3

Dänemark und die Schweiz haben in den letzten Jahren immer wieder den Spitzenrang als glücklichstes Land getauscht. Zu den Ländern mit den Personen, die sich selbst als mit ihrem Leben sehr zufrieden zeigen, gehören auch andere skandinavische Staaten (Island, Norwegen, Finnland und Schweden), sowie die ehemals britischen Kolonien Kanada, Neuseeland und Australien.

Auf den Plätzen zwischen 10 und 20 befinden sich zum Beispiel:

Österreich	7,1
Vereinigte Staaten	7,1
Deutschland	7,0

Der Abstand dieser Länder zur Spitzengruppe ist zwar ersichtlich, das durchschnittliche Glücksniveau ist jedoch nicht viel tiefer.

Zu den am wenigsten glücklichen Staaten Europas zählen etwa:

Vereinigtes Königreich	6,7
Frankreich	6,5
Spanien	6,4
Italien	6,0

In diesen Ländern ist der Abstand zur Spitzengruppe bereits ausgeprägt. Vor allem mag die relative geringe durchschnittliche Lebenszufriedenheit der Italiener erstaunen, die doch gemeinhin als besonders glücklich angesehen werden – zumindest aus Sicht der Touristen.

Auf den zehn letzten Rängen (147 bis 157) des World Happiness Indexes befinden sich folgende Entwicklungsländer:

Jemen	3,7
Madagaskar	3,7
Tansania	3,7
Liberia	3,6
Guinea	3,6
Ruanda	3,5
Benin	3,5
Afghanistan	3,4
Togo	3,3
Syrien	3,0
Burundi	2,9

Aus dieser Aufstellung wird deutlich, dass die Vorstellung, die Menschen in wenig wirtschaftlich entwickelten Ländern seien durchaus glücklich, weil sie weniger unter dem Stress der reichen Länder leiden, verfehlt ist. Die geringe Lebenszufriedenheit etwa in Afghanistan, Syrien oder Burundi ist maßgeblich durch die dort grassierenden Kriege und gewalttätigen politischen Auseinandersetzungen bedingt, die gleichzeitig den materiellen Wohlstand und die physische und psychische Gesundheit stark negativ beeinflussen.

- *U-Index*

Bei dieser Erhebung wird erfasst, während welcher Zeitspanne eines Tages die Befragten sich „unwohl" fühlten. Dieser Index hat den Vorteil, dass er ein weiteres Spektrum des Glücks zu erfassen erlaubt. Vor allem sind Verbesserungen über die Zeit besser messbar, weil die Messung weniger schnell an eine obere Grenze stößt, als dies bei einer Erfassung innerhalb einer Skala von 0 bis 10 der Fall ist.

- *Erfahrungsstichprobe*

Diese Methode erfasst Informationen über die kurzfristigen subjektiven Erfahrungen der Menschen. In ihrem natürlichen Umfeld und zu zufällig verstreuten Zeitpunkten werden die Personen über ein Mobiltelefon aufgerufen mitzuteilen, wie glücklich sie in diesem Moment sind. Dieses elektronische Tagebuch ist eine Art „Hedonimeter", das die unmittelbaren, gefühlsbezogenen (affektiven) Erfahrungen misst. Diese Methode ist kostspieliger als repräsentative Befragungen und wurde deshalb bis jetzt nur wenig angewendet.

- *Nachträgliche Rekonstruktion*

Rückblickend werden die verschiedenen Phasen des Tages aufgezählt, um anschließend zu bewerten, wie glücklich eine Person in der jeweiligen Phase war. Die Methode basiert auf Zeitbudgets, die aufzeigen, wie viel Zeit jemand mit welchen Aktivitäten verbringt. Es handelt sich um eine Annäherung an die Methode der Erfahrungsstichprobe. Die nachträgliche Rekonstruktion des subjektiven Empfindens entlang der einzelnen Phasen des Tages erlaubt eine genauere Glücksmessung als die repräsentative Befragung mittels einer einzigen Frage. Diese Methode ist neu und kam bisher nur versuchsweise zum Einsatz.

- *Gehirnaktivität*

Das sogenannte Brain Imaging verwendet die funktionelle Magnetresonanztomografie (fMRT), um die Gehirnaktivitäten von Menschen hinsichtlich positiver oder negativer Affekte zu überprüfen. Die Anwendungsmöglichkeit dieses Ansatzes ist bereits aus Kostengründen sehr beschränkt und kann nicht auf eine große Zahl von Personen in vielen unterschiedlichen Ländern angewendet werden. Eine Abbildung der Gehirnaktivität kann jedoch für eingeschränkte Fragestellungen nützlich sein.

Daneben gibt es noch weitere Methoden zur Erfassung des Glücks. Diese Ansätze unterscheiden sich deutlich von der am häufigsten verwendeten Methode – der Befragung einer repräsentativen Stichprobe von Personen nach ihrer subjektiven Lebenszufriedenheit. Letztere hat den großen Vorteil, dass grundlegende und gut überdachte Aussagen über das Wohlbefinden einer großen Zahl von Personen erfasst werden. Die Befragten überlegen sich, inwiefern sie insgesamt „mit dem Leben, das Sie führen" zufrieden sind. Dadurch werden kurzfristige Einflüsse ausgeblendet. Es liegen verschiedene Datenreihen vor, wie etwa der Gallup World Survey oder das vorzügliche German Socio-Economic Panel (G-SOEP). Dabei werden viele Tausende von Personen befragt. Im Falle eines Panels werden die gleichen Personen über viele Jahre hinweg befragt. Dies ermöglicht Einblicke in die Entwicklung der Lebenszufriedenheit im Verlauf des Älterwerdens.

Die Methode der *Befragung der subjektiven Lebenszufriedenheit* eignet sich zur Beantwortung vieler wichtiger Fragen am besten. Deshalb wird im Weiteren drauf aufgebaut. Wie auch in der einschlägigen Literatur wird der Einfachheit halber meist von „Glück" gesprochen.

Was macht glücklich? 3

Eine der wichtigsten Aufgaben der Glücksforschung besteht im Bestimmen, Isolieren und Messen der verschiedenen Einflussgrößen auf das Glück.

Die Daten zur subjektiven Lebenszufriedenheit einzelner Personen werden mithilfe multipler Regressionen mit (möglichen) Bestimmungsfaktoren des Glücks miteinander in Beziehung gesetzt. Dabei werden sowohl einfache wie auch weiter fortgeschrittene nicht-lineare statistische Verfahren verwendet. Entscheidend ist, dass *gleichzeitig* der Einfluss vieler unterschiedlicher Faktoren berücksichtigt wird. In manchen ökonometrischen Schätzungen werden simultan 20 bis 30 Variablen einbezogen. Dieses Vorgehen erlaubt, den Einfluss *einzelner Bestimmungsgründe* zu erfassen, wobei der Einfluss aller anderen Bestimmungsgründe konstant gehalten werden kann. Wird etwa untersucht, welchen Einfluss das Einkommen auf die subjektive Lebenszufriedenheit hat, werden das Alter, der Zivilstand, die Religion und viele andere Variablen konstant gehalten. Die abgeleiteten Aussagen beziehen sich immer auf einen Durchschnitt. Es ist somit stets möglich, dass eine einzelne Person davon abweicht.

In den folgenden Teilen wird ein kurzer Überblick über die Bestimmungsgründe des Glücks gegeben:

- Genetische Ausstattung
- Wirtschaftliche Faktoren
- Soziodemografische Einflüsse
- Kultur und Religion
- Glück und Politik.

© Springer Fachmedien Wiesbaden GmbH 2017
B.S. Frey, *Wirtschaftswissenschaftliche Glücksforschung,* essentials,
DOI 10.1007/978-3-658-17778-2_3

Genetische Ausstattung **4**

Die durch Vererbung bestimmte Persönlichkeitsstruktur beeinflusst das Glück erheblich. Personen sind von Natur aus unterschiedlich glücklich und sind unterschiedlich fähig, sich mit der Unbill des Lebens zurechtzufinden. Psychologische Studien schätzen die auf unterschiedliche genetische Ausstattung zurückführbaren Unterschiede zwischen Personen auf 40–60 %. Damit wird ein erheblicher Anteil genetisch erklärt, aber es bleibt ein großer Rest, der auf andere Einflüsse zurückgeht.

Dies lässt sich an einem konkreten Beispiel illustrieren. Bricht sich jemand das Bein, sind weniger glücklich veranlagte Personen über diesen Unfall untröstlich. Mit viel Optimismus ausgestattete Personen sagen sich hingegen, dass sie gut davongekommen seien, weil sie nicht beide Beine gebrochen haben.

© Springer Fachmedien Wiesbaden GmbH 2017

B.S. Frey, *Wirtschaftswissenschaftliche Glücksforschung,* essentials,

DOI 10.1007/978-3-658-17778-2_4

Wirtschaftliche Faktoren

Einkommen

Personen mit höherem Einkommen verfügen über einen größeren Spielraum, sich ihre materiellen Wünsche zu erfüllen. Sie können sich mehr Güter und Dienstleistungen leisten. Gleichzeitig genießen sie einen höheren gesellschaftlichen Status. Umgekehrt müssen sich Personen mit geringem Einkommen dauernd um Geld kümmern. Ein unerwarteter Vorfall, etwa wenn eine Haushaltsmaschine kaputt geht, oder beim Auto eine größere Reparatur ansteht, wird als sehr belastend empfunden und senkt die Lebenszufriedenheit.

Die Beziehung zwischen Einkommen und Glück – zu einem bestimmten Zeitpunkt und in einem bestimmten Land – ist Thema einer besonders umfangreichen empirischen Forschung. Die Ergebnisse sind eindeutig: Personen mit höherem Einkommen bewerten ihr subjektives Wohlbefinden eindeutig höher als ärmere Personen. Die zuweilen anzutreffende Verherrlichung der Armut – zum Beispiel in Form von naturbezogenem und stressfreiem Leben – ist ein stark durch romantische Vorstellungen geprägter Mythos. Auf einer niedrigen materiellen Entwicklungsstufe erhöht zusätzliches Einkommen eindeutig und ausgeprägt die Lebenszufriedenheit. Ist aber ein gewisses Wohlstandsniveau einmal erreicht, hat das Einkommen nur noch einen geringfügigen Einfluss auf die durchschnittliche Lebenszufriedenheit. Etwas überraschend erweisen sich Menschen, die vorwiegend ideelle Ziele verfolgen, als glücklicher als solche, die vor allem materielle Ziele anstreben und finanziellen Erfolg und soziale Anerkennung als Maßstab nehmen.

Die für wirtschaftlich entwickelte Länder gewonnenen Resultate gelten auch für Personen in Entwicklungs- und Schwellenländern: Erlangt eine arme Person in einem Entwicklungsland mehr Einkommen, nimmt ihre Lebenszufriedenheit

© Springer Fachmedien Wiesbaden GmbH 2017
B.S. Frey, *Wirtschaftswissenschaftliche Glücksforschung*, essentials,
DOI 10.1007/978-3-658-17778-2_5

sogar besonders deutlich zu. Zusätzliches Einkommen und Vermögen erhöht die Lebenszufriedenheit allerdings nicht unbegrenzt.

Die Beziehung zwischen Einkommen und Glück ist durch einen abnehmenden Grenznutzen gekennzeichnet. Es besteht ein positiver, aber abnehmender Zusammenhang zwischen Einkommen und individueller Lebenszufriedenheit. Es gibt sogar Situationen, in denen zusätzliches Einkommen als Last empfunden wird. Dies trifft für einige Lotteriegewinner zu. Die anfängliche Freude ist gewiss hoch und die Lebenszufriedenheit nimmt sicherlich zu. Häufig kündigt ein Lotteriegewinner seinen alten Job. Dadurch verliert er aber wichtige Beziehungen und Anerkennung. Zudem können Spannungen entstehen, weil von ihm erwartet wird, Verwandte und Freunde finanziell zu unterstützen. Er weiß bald nicht mehr, wer ein wirklicher Freund ist oder wer nur an seinem Geld interessiert ist. Die durchschnittliche Lebenszufriedenheit der Lotteriegewinner erweist sich deshalb nach einer Zeit der Anpassung nicht als signifikant höher als vor dem Gewinn.

Was für einzelne Einkommensklassen gilt, trifft auch für ein *ganzes Land* zu: Das individuelle Wohlbefinden ist umso höher, je höher das Durchschnittseinkommen liegt. Leute, die in reichen Ländern leben, sind im Durchschnitt glücklicher als solche, welche in armen Ländern leben. Die Unterschiede in den Lebenshaltungskosten werden dabei berücksichtigt.

Dieser Zusammenhang wird nicht nur bei ökonometrischen Analysen deutlich, sondern zeigt sich auch in den oben aufgeführten Ergebnissen der Befragungen (bei denen nicht für die Einflüsse anderer Faktoren korrigiert wird). Die Einwohner sind in den reichen Ländern (wie skandinavische Länder, Schweiz, Niederlande, Kanada, Neuseeland, Australien) am glücklichsten, während sie in armen Entwicklungsländern (wie Benin, Afghanistan, Togo, Syrien oder Burundi) wesentlich unglücklicher sind.

Arbeit

Wer arbeitslos wird, ist wesentlich unzufriedener als ein Beschäftigter. Dieses Ergebnis ist deshalb überraschend, weil – wie oben erklärt – das Einkommen dabei konstant gehalten wird und nur die isolierte Wirkung der Arbeitslosigkeit bei gleichem Einkommen auf das subjektive Glück betrachtet wird. Der Grund für den stark negativen Effekt liegt in sozialen und psychologischen Faktoren. Arbeitslose verlieren ihr Selbstwertgefühl und fühlen sich vom Rest der (arbeitenden) Gesellschaft ausgeschlossen. Arbeitslose, die in einer Region mit vielen anderen Arbeitslosen wohnen, sind deshalb etwas weniger unglücklich, als jene, die in einem Gebiet leben, in dem die meisten Personen Arbeit haben.

Nimmt die Arbeitslosenquote in einem Land zu, leiden nicht nur die Arbeitslosen selbst, sondern auch andere Teile der Bevölkerung. Letztere sind weniger zufrieden, weil mit einer höheren Arbeitslosigkeit eine generell höhere wirtschaftliche Unsicherheit einhergeht und man sich Sorgen um die eigene Stelle macht. Überdies kann hohe und steigende Arbeitslosigkeit zu gesellschaftlichen Unruhen führen, vor denen man sich fürchtet.

Auch die Zufriedenheit mit einer bestimmten Art der Arbeit ist wichtig. Wer eine möglichst autonome Arbeit mit einem großen Grad an Selbstbestimmung durchführen kann, ist zufriedener, als wenn der Arbeitgeber alles bestimmt und vorschreibt. Aus diesem Grund äußern Selbstständige und Künstler eine höhere Lebenszufriedenheit als abhängig Beschäftigte.

Verteilung des Einkommens

Bemerkenswert ist auch der Einfluss der Einkommensungleichheit zwischen Personen. In dieser Hinsicht unterscheiden sich die Einwohner der USA von denen Europas. US-Amerikaner fühlen sich insgesamt durch eine höhere Ungleichheit der Einkommen wenig belastet. Sie sind weder glücklicher noch unglücklicher. Ein hohes Einkommen wird als Indiz dafür genommen, dass sich harte Arbeit lohnt und zu einer Steigerung des Einkommens führt. Sie glauben, dass sie in der Zukunft selbst einmal davon profitieren können. In Europa hingegen sind die Leute eher davon überzeugt, dass die Aufwärtsmobilität gering ist und sie deshalb in der Zukunft kaum ein viel höheres Einkommen erreichen werden. Die tatsächliche Aufwärtsmobilität unterscheidet sich allerdings in Europa nicht wesentlich von derjenigen in den USA. Subjektive Einschätzungen und Vorstellungen, und nicht die tatsächlichen Umstände, sind somit von entscheidender Bedeutung für die Wirkung auf die Lebenszufriedenheit.

Wirtschaftliche Entwicklung

Der Zusammenhang zwischen der Entwicklung des Sozialprodukts und der Zufriedenheit der Menschen ist auf der Länderebene vertieft untersucht worden. Die Ergebnisse sind überraschend. Trotz starker Zunahme des materiellen Wohlstands wurde in einer der ersten Untersuchungen für die USA keine Zunahme der durchschnittlichen Lebenszufriedenheit festgestellt. Dieses Ergebnis ist paradox (es wird nach dessen Autor als „Easterlin-Paradox" bezeichnet), denn es wurde ja im Querschnitt zwischen Personen gezeigt, dass ein höheres Einkommen eindeutig glücklicher macht. Das Paradoxon lässt sich damit erklären, dass sich im Laufe der Zeit die Leute an ein höheres Einkommen gewöhnen und dass sie sich immer mit anderen Personen vergleichen. Wenn somit alle zusammen reicher werden, steigert eine Einkommenszunahme das Glück nicht mehr.

Dieses Ergebnis ist allerdings infrage gestellt worden. Für andere Länder, vor allem für Japan, Italien und verschiedene westeuropäische Länder, steigt die Lebenszufriedenheit mit steigendem Sozialprodukt. Der präzise Zusammenhang zwischen der Entwicklung des Sozialprodukts und der Lebenszufriedenheit muss weiter abgeklärt werden. Unbestreitbar ist hingegen, dass das menschliche Glück nicht linear mit dem materiellen Wohlstand wächst. Mit steigendem Sozialprodukt nimmt die Lebenszufriedenheit zwar zu, aber der zusätzliche Beitrag zum Glück schwächt sich immer stärker ab.

Alter

Untersuchungen zeigen einen u-förmigen Zusammenhang zwischen Alter und Glück (bei gleicher Gesundheit). Die Jungen sind glücklich, vor allem weil sie denken, dass ihnen noch alle Möglichkeiten im Leben offenstehen. In den mittleren Jahren werden die Leute weniger glücklich, weil es nun deutlich wird, dass sich viele ihrer Vorstellungen nicht erreichen lassen. Im Alter werden die Menschen wieder glücklicher, weil sie nicht mehr Unmögliches anstreben und Altersweisheit einsetzt. Eine allgemein verbreitete Altersdepression wird in der Glücksforschung nicht festgestellt.

Familienstand

Verheiratete Personen sind glücklicher als Alleinstehende und sogar als solche, die in einer Partnerschaft leben. Wer verheiratet ist, wird weniger durch Einsamkeit belastet. Eine Ehe erlaubt auch einen Ausgleich zu den Belastungen des Berufslebens.

Kinder

Kinder machen im Durchschnitt nicht glücklich. Sobald sie jedoch selbstständig leben, fühlen sich die Eltern glücklicher, als wenn sie keine Kinder hätten. Aus diesem Grund machen Enkelkinder die Großeltern glücklich.

© Springer Fachmedien Wiesbaden GmbH 2017

B.S. Frey, *Wirtschaftswissenschaftliche Glücksforschung,* essentials,
DOI 10.1007/978-3-658-17778-2_6

Gesundheit

Die Gesundheit erweist sich als besonders wichtiger Bestimmungsgrund des Glücks. Subjektiv empfundene gute Gesundheit und subjektive Lebenszufriedenheit hängen eng zusammen. Bei einer objektiven Gesundheitseinschätzung durch Ärzte – anstelle von Selbsteinschätzungen – sinkt die Bedeutung der Gesundheit für die Lebenszufriedenheit. Kranke und verunfallte Menschen scheinen relativ gut mit ungünstigen Gesundheitssituationen zurechtzukommen. Sie vergleichen sich häufig mit Personen, denen es gesundheitlich noch schlechter geht.

Ausbildung

Höhere Ausbildung schafft mehr Möglichkeiten im Leben, was dem Glück förderlich ist. Insbesondere kann die Freizeit aktiver und abwechslungsreicher gestaltet werden.

Kultur und Religion

7

Zwischen Ländern und ihren Kulturen zeigen sich erhebliche Unterschiede im Niveau der geäußerten Lebenszufriedenheit. So herrscht in den USA ein erheblicher sozialer Zwang, sich als „happy" zu bezeichnen; Miesepeter werden dort wenig geschätzt. Umgekehrt gilt es in Frankreich als naiv, sich als „heureux" zu bezeichnen, denn das weist auf fehlende menschliche Tiefe hin. Ein treffendes Beispiel hierfür sind französische Philosophen, von denen nur die wenigsten als glücklich gelten wollten, weil eine solche Aussage als oberflächlich angesehen wird. Präsident De Gaulle wird der Ausspruch zugeschrieben: „Nur Idioten sind glücklich". Diese Einstellung gilt auch für die Italiener und trifft eingeschränkt auch auf die Deutschen zu, von denen der Begriff des Weltschmerzes stammt, der in andere Sprachen Eingang fand.

Religiöse Personen erweisen sich als glücklicher als Personen, die keiner Religionsgemeinschaft angehören. Wer an ein höheres Wesen glaubt und ihm vertraut, kommt besser mit den Widrigkeiten des Lebens zurecht. Einem Schicksalsschlag kann ein höherer Sinn zugeordnet werden, was das seelische Gleichgewicht stärkt. Gleichzeitig führt die Ausübung des Glaubens in einer Religionsgemeinschaft zu intensiveren sozialen Kontakten und wirkt einer Isolation entgegen. Eines der wichtigsten Ergebnisse der Glücksforschung ist in der Tat, dass soziale Kontakte innerhalb der Familie und im Freundes- und Bekanntenkreis wesentlich zur Lebenszufriedenheit beitragen.

© Springer Fachmedien Wiesbaden GmbH 2017

B.S. Frey, *Wirtschaftswissenschaftliche Glücksforschung,* essentials, DOI 10.1007/978-3-658-17778-2_7

Glück und Politik

Demokratie und Lebenszufriedenheit

Die Glücksforschung hat sich eingehend mit der Frage beschäftigte, ob und wie sich institutionelle Rahmenbedingungen und politische Systeme auf die subjektive Lebenszufriedenheit auswirken. Insbesondere wurde festgestellt, dass Menschen in einer demokratischen Gesellschaft glücklicher als unter autoritären Bedingungen sind. Dabei sind zwei gegenläufige Kausalbeziehungen zu berücksichtigen. Auf der einen Seite können demokratische Verhältnisse die Menschen zufriedener machen. Auf der anderen Seite ist es auch denkbar, dass sich Gesellschaften mit mehrheitlich zufriedenen Menschen für mehr Demokratie entscheiden.

Der positive Einfluss der Demokratie auf das Glück geht auf zwei Ursachen zurück. Erstens entsprechen die politischen Entscheidungen in Demokratien eher den Wünschen (Präferenzen) der Bürgerinnen und Bürger. Die Politiker werden wegen des Zwangs zur Wiederwahl veranlasst, diejenigen staatlichen Leistungen anzubieten und diejenigen Regulierungen durchzuführen, die von ihren Wählern nachgefragt werden. Zweitens schätzen die Individuen die Möglichkeit politischer Teilnahme an und für sich, auch ganz unabhängig vom Ergebnis. Diese Abhängigkeit des Nutzens von der Art und Weise, wie ein Ergebnis zustande kommt, wird als „Prozessnutzen" bezeichnet. Der Zusammenhang zwischen Demokratie und Lebenszufriedenheit entspricht dem psychologischen Grundbedürfnis nach Selbstbestimmung.

Die Bedeutung der Demokratie für die Lebenszufriedenheit konnte für einen Querschnitt unterschiedlicher Länder und vor allem auch anhand der unterschiedlichen Partizipationsmöglichkeiten zwischen den 26 Schweizer Kantonen gezeigt werden. In denjenigen Kantonen, in denen sich die Bürger mit geringen Hürden mittels Initiativen und Referenden an den Entscheidungen beteiligen können, sind

© Springer Fachmedien Wiesbaden GmbH 2017
B. Frey, *Wirtschaftswissenschaftliche Glücksforschung*, essentials,
DOI 10.1007/978-3-658-17778-2_8

sie zufriedener als in Kantonen, in denen diese Möglichkeit stärker eingeschränkt ist (wo also zum Beispiel fiskalische Aspekte von direkter Mitbestimmung durch die Bürger ausgeschlossen sind).

Dieser Zusammenhang zwischen Demokratie und subjektiver Lebenszufriedenheit ist für Schweizer Bürger und Bürgerinnen stärker als für in der Schweiz lebende Ausländer. Letztere profitieren zwar in (etwa) gleicher Weise von den besseren politischen Entscheidungen, dürfen aber an der politischen Entscheidungsbildung nicht mitwirken. Zur Klarheit sei noch einmal betont, dass bei diesen Untersuchungen die übrigen Einflüsse auf die Lebenszufriedenheit berücksichtigt werden. Die beobachteten Unterschiede zwischen den Kantonen mit unterschiedlichen Niveaus politischer Mitbestimmung sind deshalb nicht auf andere Faktoren (wie etwa unterschiedliches Einkommen oder unterschiedliche Arbeitslosenquoten) zurückzuführen.

Föderalismus

Die Lebenszufriedenheit der Bürger und Bürgerinnen ist auch umso höher, je mehr Entscheidungen auf der lokalen Ebene getroffen werden. Dies lässt sich damit erklären, dass sie das Gefühl haben, ihre Anliegen würden ernster genommen, als wenn die Entscheidungen weit entfernt auf einer zentralen politischen Ebene gefällt werden. Das politische Angebot orientiert sich stärker an den unterschiedlichen geografisch, kulturell, religiös, sozial oder wirtschaftlich bedingten Bedürfnissen der Bevölkerung. Damit ist das politische Handeln besser fähig, deren Anliegen entgegenzukommen.

Gegenläufige Einflüsse: Ursache und Wirkung

Bedeutung der verschiedenen Einflüsse

Wie wichtig sind die verschiedenen Einflussfaktoren für das subjektive Wohlbefinden? Die Forschung betont, dass der private Bereich im Hinblick auf die Lebenszufriedenheit ebenso bedeutsam ist wie der öffentliche. Die Glücksforschung hebt die Bedeutung von Beschäftigung und Freizeit für das individuelle Wohlbefinden hervor. Der Einzelne zieht nicht nur einen Nutzen aus dem Einkommen, sondern auch aus der Arbeit und aus sozialen Beziehungen. Selbstbestimmung und die Möglichkeit, die eigene Kompetenz zu nutzen, sind wichtig. Gute Gesundheit hat große Bedeutung; sie ist eine Voraussetzung dafür, dass verschiedene Glück bringende Aktivitäten ausgeübt werden können. Außerdem stiftet der Prozess, durch den ein Resultat erreicht wird, auch einen Nutzen; also nicht nur das Ergebnis selbst. Dies wird durch den Ausdruck „Der Weg ist das Ziel" richtig erfasst.

Die wichtigsten Glück stiftenden Bereiche für uns Menschen sind demnach Arbeit, materieller Lebensstandard, Familie und Freunde, Freizeit und Gesundheit. Die täglichen Themen des Lebens scheinen für unser Glück zentral zu sein. Wie jedoch gezeigt werden wird, haben politische Mitbestimmungsrechte ebenfalls einen erheblichen Einfluss auf das individuelle Wohlbefinden. Das Gleiche gilt für Kriege, Terrorismus und innerstaatliche Konflikte.

Auswirkungen auf das Verhalten

Ob man glücklich oder unglücklich ist, hat einen großen Einfluss auf die Art und Weise, wie man sich verhält und lebt. Glückliche Leute sind auf dem Arbeitsmarkt erfolgreicher. Je glücklicher der Einzelne oder die Bevölkerung eines Landes mit

© Springer Fachmedien Wiesbaden GmbH 2017

B.S. Frey, *Wirtschaftswissenschaftliche Glücksforschung*, essentials,
DOI 10.1007/978-3-658-17778-2_9

dem Leben ist, desto stärker ist der Wille, hart zu arbeiten. Die Leute arbeiten intensiver, engagierter, unternehmerischer und sind kreativer, was zu einem höheren Pro-Kopf-Einkommen führt. Nicht nur auf dem Arbeitsmarkt, auch auf dem Heiratsmarkt sind glückliche Leute erfolgreicher: Sie finden leichter einen Partner und sind weniger einsam. Glückliche Leute sind kooperativer und hilfsbereiter. Die Auswirkungen des Glücks seien am Beispiel der Gesundheit illustriert.

Personen, die mit ihrem Leben zufrieden sind, leben länger. Der Zusammenhang zwischen Glück, körperlicher Gesundheit und Lebenserwartung ist im Rahmen der Glücksforschung vertieft untersucht worden. Das Glück wird dabei auf unterschiedliche Weise gemessen, besonders mittels des langfristigen und evaluierenden Konzepts der Lebenszufriedenheit, aber auch mittels kurzfristiger positiver Emotionen wie Freude oder Lachen und negativer Emotionen wie Trauer oder Angst.

Glückliche Menschen haben eine Lebensdauer, die jene von unglücklichen Personen um beinahe 15 % übertrifft. Bei der in Industrieländern geltenden Lebenserwartung bedeutet dies nicht weniger als zehn Jahre. Wer glücklich ist, ist auch weniger gefährdet, Selbstmord zu begehen, und fällt weniger häufig Unglücksfällen zum Opfer. Auch wenn mit anderen, wohlbekannten Einflüssen auf die Gesundheit wie Rauchen, Übergewicht oder Verzicht auf die Verwendung von Sicherheitsgurten beim Autofahren verglichen wird, erweist sich der Einfluss des Glücks auf die Gesundheit und die Langlebigkeit als besonders bedeutsam.

Wie lässt sich der Einfluss des Glücks auf die körperliche Gesundheit und die Lebenserwartung empirisch erfassen? Es steht eine ganze Reihe von bemerkenswerten Methoden zu Verfügung. Am wichtigsten sind die Folgenden:

- Eine große Zahl einzelner Personen wird über viele Jahre beobachtet und es wird untersucht, ob die glücklicheren unter ihnen tatsächlich gesünder sind und länger leben. Berühmt geworden ist eine „Nonnenstudie". Bevor junge Frauen ins Kloster eintraten, wurden sie nach ihrem Glückszustand befragt. Es erwies sich, dass diejenigen, die sich selbst als glücklich bezeichneten, in der Tat deutlich länger lebten als diejenigen, die sich vor dem Klostereintritt als weniger glücklich einstuften. Klosterfrauen eignen sich für eine derartige Studie besonders gut, weil sie unter jeweils ähnlichen Bedingungen leben.
- Exogene Veränderungen des Glücks (zum Beispiel positiv bei einer unerwarteten Beförderung oder negativ bei einem unerwarteten Todesfall in der Familie) können mit spezifischen physiologischen Prozessen, deren Wirkung auf die Gesundheit und die Lebenserwartung bekannt ist, in Beziehung gesetzt werden.

- In Laborexperimenten können Emotionen manipuliert werden (zum Beispiel indem den Versuchspersonen ein heiterer oder ein trauriger Film gezeigt wird). Danach wird untersucht, wie bestimmte physiologische Faktoren (etwa der Blutdruck), deren Einfluss auf die Gesundheit gut erforscht ist, beeinflusst werden.
- Es lässt sich untersuchen, wie in der Natur vorkommende Ereignisse, beispielsweise Wirbelstürme oder Überschwemmungen, das Glücksempfinden und als Ergebnis davon die Gesundheit beeinflussen. Ein Beispiel: Am Tag nach dem Erdbeben in Los Angeles im Jahr 1994 ist die Mortalität in dieser Stadt fünfmal so hoch gewesen wie in den Wochen zuvor.
- Schließlich kann der Einfluss persönlicher Schicksalsschläge wie der Verlust eines Ehepartners auf die Gesundheit analysiert werden. Eine Studie hat beispielsweise ergeben, dass die Mortalität von Männern, die ihre Frauen verlieren, im ersten Monat der Trauer doppelt so hoch ist wie unter normalen Umständen. Bei Frauen, deren Ehemann starb, ist die entsprechende Mortalität sogar dreimal so hoch.

Aus diesen und anderen Untersuchungen wird deutlich: Eine hohe Lebenszufriedenheit und positive Emotionen tragen wesentlich zu besserer Gesundheit und zu einem längeren Leben bei. Allerdings kann damit (noch) nicht auf die Wirkung des Glücks auf ganz bestimmte Krankheiten geschlossen werden. Insbesondere sind die Befunde im Hinblick auf metastatischen Krebs uneinheitlich und bisher wenig überzeugend.

Auf vielen Gebieten ist es schwierig, herauszufinden, in welche Richtung der Ursache-Wirkungs-Zusammenhang geht. So ist es nicht von vornherein klar, ob verheiratete Menschen glücklicher sind oder ob glückliche Menschen leichter einen Partner finden und deshalb eher verheiratet sind. Sind Beschäftigte glücklicher oder ist es für glückliche Menschen einfacher, eine Arbeit zu finden, weil sie ja aktiver, innovativer und offener sind? Die gleichen Faktoren können sowohl Einflussgrößen wie auch Folgen des Glücks sein.

Zur Beantwortung dieser Frage ist es hilfreich, Gewinner einer Lotterie zu betrachten. Ein Lottogewinn kann als von außen bestimmtes Ereignis betrachtet werden, auf das der Teilnehmer nicht einwirken kann. Deshalb kann ein Lottogewinn als Ursache und die Veränderung der subjektiven Lebenszufriedenheit als Folge betrachtet werden. Lotteriegewinner oder -gewinnerinnen geben im Folgejahr ein höheres subjektives Wohlbefinden an. Daraus kann der Schluss gezogen werden, dass höheres Einkommen und Vermögen – allerdings nur kurzfristig – glücklich machen. Einkommen produziert also subjektives Wohlbefinden, vor allem in Ländern unterhalb einer gewissen Wohlstandsschwelle.

Das subjektive Wohlbefinden hat neben affektiven auch kognitive Aspekte. Die kognitive Komponente bezieht sich auf die rationalen oder intellektuellen Aspekte des subjektiven Wohlbefindens und beinhaltet Urteile und Vergleiche. Glück ist demnach nicht einfach gegeben, sondern wird vom Einzelnen, also subjektiv, konstruiert und abhängig vom vergangenen und gegenwärtigen sozialen Umfeld betrachtet. Insbesondere sind die folgenden psychologischen Mechanismen und Prozesse zu beobachten.

Anpassung

Was geschieht, wenn einer Person überraschend etwas Angenehmes oder etwas Schlimmes widerfährt?

Stellen wir uns einen Lottogewinn oder einen schweren Unfall vor. Beim Lottogewinn zeigt sich: Zuerst steigt das Glücksgefühl stark an, dann fällt es jedoch rasch. Bei schweren Unfällen ist eine ähnliche Anpassung, aber in umgekehrter Richtung, zu beobachten: Zuerst sinkt die Lebenszufriedenheit stark, nach einer gewissen Zeit kommen die meisten Menschen (glücklicherweise) mit der neuen Situation zurecht; das Glücksniveau steigt wieder. Viele Menschen passen sich also recht schnell an die neue Situation an und bewegen sich wieder in Richtung des vorherigen Glücksniveaus. Dies ist jedoch nicht immer der Fall. Insbesondere männliche Arbeitnehmer, die entlassen werden, gewöhnen sich kaum an ihre neue Situation. Sie bleiben merklich weniger glücklich im Vergleich zum Glücksniveau, das sie als Beschäftigte erreicht haben.

© Springer Fachmedien Wiesbaden GmbH 2017

29

B.S. Frey, *Wirtschaftswissenschaftliche Glücksforschung*, essentials,
DOI 10.1007/978-3-658-17778-2_10

Vergleiche mit anderen Personen

Die Einschätzung unseres Glücks ist nicht absolut; sie wird von Vergleichen bestimmt. Die eigene Situation wird mit derjenigen von Bezugspersonen und mit der eigenen Situation in der Vergangenheit verglichen. So hängt unser Glück nicht so sehr von absoluten Einkommensbeträgen ab, sondern vom relativen Einkommen, das heißt vom eigenen Einkommen im Vergleich zu demjenigen von Kollegen, Freunden und Verwandten. Ähnliches gilt für Arbeitslosigkeit: Arbeitslose sind weniger glücklich als Leute, die einen Job haben. Sie sind aber etwas weniger unglücklich, wenn sie sich in einem Umfeld bewegen, in dem auch viele andere arbeitslos sind. Die Referenzgruppen sind nicht fest vorgegeben. Die Menschen wählen meist eine Vergleichsgruppe, der es besser geht. Dies ist erstaunlich, weil es ja besser wäre, sich mit Leuten zu vergleichen, denen es weniger gut geht.

Kognitive Verzerrungen

Es gibt Aspekte und Umstände, die es Personen verunmöglichen oder wenigstens stark erschweren, ihr Glücksniveau zu erhöhen. In Experimenten wurde festgestellt, dass Probanden sich nicht richtig an erlittene Schmerzen erinnern. Der Schmerz am Ende des Experiments und der stärkste Schmerz werden erinnert, nicht aber die gesamte Dauer des Schmerzes. In der Folge tendiert der Mensch dazu, falsche Entscheidungen zu treffen, wenn es um die Wahl geht zwischen maximalem Schmerz sowie Schmerz am Ende einerseits und der Dauer des Schmerzes andererseits.

Falsche Entscheidungen werden oft auch getroffen, weil die Menschen das Ausmaß und die Geschwindigkeit der Anpassung an neue Situationen nicht berücksichtigen. Viele Leute streben nach immer mehr Einkommen, nur um kurze Zeit später feststellen zu müssen, dass sie sich schnell daran gewöhnt haben und dieses Mehreinkommen das persönliche Glücksniveau nicht oder nur wenig gesteigert hat. Dies führt zu einem Streben nach immer höherem Einkommen.

Menschen sind übermäßig optimistisch: Die meisten gehen davon aus, dass für sie persönlich eine bessere Situation resultiert als für die anderen. So unterschätzen die meisten beispielsweise die Wahrscheinlichkeit, in einen Unfall involviert zu werden oder an Krebs oder Aids zu erkranken. Ebenso überschätzen die meisten ihre eigenen Fähigkeiten. So glauben zum Beispiel die meisten Autofahrer, sie führen besser als der Durchschnitt der anderen Fahrer. Erfolge werden eher dem eigenen Können, Misserfolge hingegen äußeren Umständen zugeschrieben.

Beschränkte Voraussagefähigkeit

Menschen können nur unzureichend voraussagen, wie zufrieden sie mit unterschiedlichen Lebenssituationen in der Zukunft sein werden. Bei der Evaluation der eigenen zukünftigen Situation sind Hoffnungen und Erwartungen wichtig. Werden diese erreicht, sind wir mit unserem Leben zufrieden. Die meisten Menschen unterschätzen die Geschwindigkeit, mit der sie sich an neue Situationen anpassen. Der Mensch kann diesen Gewöhnungseffekt, das heißt die rasche Anpassung an das ursprüngliche Glücksniveau, nur schlecht vorhersagen. Die Entscheidungen sind daher verzerrt. Wenn zwischen Alternativen gewählt werden muss, werden materielle Faktoren höher gewertet als ideelle. Der künftige Nutzen, der aufgrund ideeller Attribute entsteht, wird somit unterschätzt. Wir widmen der Familie und Freunden sowie den Hobbys zu wenig Zeit. Wir überschätzen demgegenüber materielle Attribute und legen zu starkes Gewicht auf das Erlangen von mehr Einkommen und Status. Diese für das eigene Leben falschen Einschätzungen sind anhand des Pendelns zwischen Wohn- und Arbeitsort gezeigt worden. Menschen sind bereit, lange Arbeitswege in Kauf zu nehmen, um ein höheres Einkommen oder attraktivere Wohnbedingungen zu erhalten. Erhebungen zum subjektiven Wohlbefinden zeigen aber, dass die Lebenszufriedenheit abnimmt, je mehr Zeit fürs Pendeln aufgewendet wird.

Maximierung des Glücks als Staatsaufgabe? 11

Auf Grundlage der Ergebnisse der Glücksforschung haben verschiedene Autoren gefolgert, die Regierungen solle das Glück ihrer Einwohner maximieren. Die Politiker müssten demnach die Ergebnisse der Glücksforschung direkt umsetzen, um den aggregierten Glücksindex so weit wie möglich zu steigern. Damit würde der Traum der „Theorie quantitativer Wirtschaftspolitik" in die Tat umgesetzt. Danach soll der Staat seine gesellschaftliche Wohlfahrtsfunktion maximieren. Bisher war es jedoch nicht möglich, diese gesellschaftliche Wohlfahrtsfunktion konkret zu spezifizieren. Die Glücksforschung gibt nun die Möglichkeiten dazu.

Gegen diesen Ansatz lassen sich grundsätzliche und überzeugende Argumente vorbringen. Der Versuch einer Maximierung der gesellschaftlichen Wohlfahrt entspricht der Vorstellung eines „wohlwollenden Diktators", der von oben bestimmt, was für die Menschen zu gelten hat. Den Politikern, die diese Maßnahmen durchzuführen haben, wird damit unterstellt, sie hätten einzig und allein das Interesse der Gesellschaft im Auge. Eine solche Annahme ist naiv und widerspricht auch der Erfahrung, wonach Personen – und dazu zählen auch Politiker – vor allem ihren eigenen Nutzen verfolgen. Weit sinnvoller und empirisch besser begründet ist die Annahme, Politiker seien vor allem am Machterhalt interessiert. In demokratischen Gesellschaften müssen Politiker Wahlen gewinnen, damit sie an der Regierung bleiben können. Dazu ergreifen sie alle ihnen zur Verfügung stehenden Mittel. Insbesondere werden unpopuläre Maßnahmen in die Zukunft verschoben. Politiker sind durchaus bereit, ihre Popularität mit kurzfristig wirkenden Wahlgeschenken zu erkaufen. Derartiges politisches Handeln widerspricht dem langfristigen Interesse der Bevölkerung, wird aber von dieser nur unzureichend bemerkt und deshalb bei den Wahlen nicht bestraft. Nur wenn die Personen an der Regierung von ihrer Wiederwahl hinreichend überzeugt sind, führen sie inhaltliche Programme durch, die ihren eigenen Überzeugungen entsprechen. Dazu kann gewiss auch gehören, das Glück der Menschen zu erhöhen.

© Springer Fachmedien Wiesbaden GmbH 2017
B.S. Frey, *Wirtschaftswissenschaftliche Glücksforschung*, essentials,
DOI 10.1007/978-3-658-17778-2_11

Die Antworten auf die Glücksbefragungen werden beeinflusst

Wenn die Maximierung des aggregierten Glücksindex der Menschen zu einem *offiziellen Ziel* der Wirtschafts- und Gesellschaftspolitik bestimmt wird – wie das seit längerem in Bhutan und neuerdings auch in Frankreich, dem Vereinigten Königreich und der Volksrepublik China der Fall ist –, kann den Befragungen der Bevölkerung über ihr subjektives Glück nicht mehr vertraut werden. Die Ergebnisse der Glücksforschung bauen idealerweise auf Umfragen auf, bei denen die befragten Personen unbeeinflusst aussagen, wie zufrieden sie sind. Wenn jedoch die Befragten wissen, dass ihre Antworten für politische Zwecke verwendet werden, werden sie ihr Verhalten ändern und die Auswirkungen auf die Politik berücksichtigen. So hat zum Beispiel eine Person, die den Konservativen zuneigt, Anlass, sich als besonders glücklich zu bezeichnen, wenn eine konservative Partei an der Regierung ist. Umgekehrt tendiert sie dazu, eine linke Regierung zu „bestrafen", indem sie sich als weniger glücklich ausgibt, als sie in Wirklichkeit ist. Dieses Verhalten untergräbt die Aussagekraft der Umfrageforschung und damit weitgehend auch jene der empirischen Glücksforschung.

Der Glücksindex wird manipuliert

Wenn das Glück der Bevölkerung zum Maßstab der Politik geworden ist, werden die Politiker in der Regierung versuchen, den aggregierten Glücksindex zu manipulieren Da dieser das Ergebnis repräsentativer Befragungen darstellt, stehen dazu viele Möglichkeiten offen. Zum Beispiel können Personen, die als regierungskritisch oder als Außenseiter gelten (wie etwa Gefängnisinsassen), von der Stichprobe ausgeschlossen werden. Ebenso können Ausreißer mit besonders geringer Lebenszufriedenheit (etwa solche mit einem Wert unter 4 auf der 10er-Skala) als „unglaubwürdig" eingestuft werden und somit unberücksichtigt bleiben. Wenn dies alles nicht hilft, um den aggregierten Glücksindex gut aussehen zu lassen, können immer noch unkontrollierbare Ereignisse wie Naturkatastrophen oder Einwirkungen vom Ausland verantwortlich gemacht und der Glücksindex entsprechend korrigiert werden.

12

Im Kap. 11 wurde argumentiert, eine Regierung solle nicht direkt den aggregierten Glücksindex maximieren; dies wäre eine von oben kommende, zumindest paternalistische – wenn nicht sogar autoritäre – Politik, die mit einer Demokratie unvereinbar ist. Der politische Prozess soll vielmehr jeder Person die *Möglichkeit* geben, ihr Glück selbst zu finden. Dazu liefern die Ergebnisse der Glücksforschung einen wichtigen Beitrag. Sie helfen, die Wirtschafts- und Gesellschaftspolitik so zu verbessern, dass die Menschen glücklicher werden können.

Glück als letztes Ziel?

Zuerst muss die grundsätzliche Frage erörtert werden, ob Glück tatsächlich das Ziel jeden menschlichen Lebens ist. Möglicherweise ist Glück lediglich ein Bestandteil eines guten Lebens. Wichtig sind dafür auch menschliche Entwicklung, Tugend und Gerechtigkeit. Andere stellen Kameradschaft, Freiheit und Solidarität gleichberechtigt neben das Glück. Als höchste Ziele findet man auch das physische und das soziale Wohlbefinden. Für andere Menschen wiederum steht Glück neben Faktoren wie Vertrauen, Selbstachtung, Schmerzfreiheit, Arbeitszufriedenheit sowie Zufriedenheit in der Familie und Ehe. Liberale Denker stellen die persönliche Freiheit über das Glück. Sie heben die produktive Wirkung des Unglücklichseins hervor. Unglücklichsein sei der Motor, um (noch) mehr zu erreichen. Den Evolutionstheoretikern schließlich geht es nicht um das Glücklichsein an sich, sondern um das Überleben und Reproduzieren.

Eine weitere Unterscheidung betrachtet nicht nur das Ziel, sondern auch den Weg zum Ziel. Die Prozesse, die zum Ziel „Glück" führen, können auch zur Lebenszufriedenheit beitragen; die meisten Menschen erfüllt es mit Glück, herausfordernde

© Springer Fachmedien Wiesbaden GmbH 2017   35
B.S. Frey, *Wirtschaftswissenschaftliche Glücksforschung,* essentials,
DOI 10.1007/978-3-658-17778-2_12

Aktivitäten zu meistern. Wenn sich Personen einer Tätigkeit völlig hingeben, vergessen sie Raum und Zeit, was als „Fluss des Lebens" (oder „flow") bezeichnet wird.

Eine Glückspolitik muss berücksichtigen, welche Art des Glücks angestrebt werden sollte. Diese Entscheidung kann nur auf der Grundlage philosophischer oder religiöser Überlegungen gefällt werden. Wird etwa – wie beispielsweise Aristoteles argumentiert – die Glückseligkeit als maßgebliches Ziel des Menschen angesehen, ergeben sich andere Folgerungen, als wenn nur das momentane Glück gesteigert werden soll. Die moderne, quantitativ orientierte Glücksforschung bezieht sich im Wesentlichen auf die von den Menschen geäußerte Lebenszufriedenheit und berücksichtigt dabei erlebtes, erwartetes und erinnertes Glück.

Zum Glück führende Institutionen

Eine sinnvolle Glückspolitik sollte großes Gewicht auf die Schaffung von Institutionen legen, die es den einzelnen Personen ermöglichen, auf eigene Weise und im Rahmen der Gesellschaft möglichst glücklich zu werden. In der geschriebenen und ungeschriebenen Verfassung sollten jene formellen und informellen Institutionen bestimmt werden, welche die politischen und gesellschaftlichen Prozesse zum Glück der Menschen lenken können.

Die Glücksforschung hat in dieser Hinsicht wichtige Ergebnisse geliefert. Insbesondere wurde gezeigt, dass die Bürgerinnen und Bürger verbesserte Möglichkeiten zur politischen Mitbestimmung schätzen. Dies bezieht sich vor allem auf die vermehrte Mitsprache bei Sachentscheidungen mittels Volksinitiativen und Referenden. Derartige Möglichkeiten auf zentraler und regionaler Ebene werden in verschiedenen Staaten – darunter auch Deutschland – diskutiert, sollten aber auch in der Europäischen Union eine größere Rolle spielen. Darüber hinaus zeigt die Glücksforschung, dass die Bürgerinnen und Bürger eine föderale politische Organisation mit ausgeprägter lokaler Autonomie den stärker zentralisierten Einheiten vorziehen. Mehr Entscheidungen sollten in den regionalen Einheiten – in Deutschland in den verschiedenen Ländern – und besonders auch in den Gemeinden getroffen werden. In größeren Städten sind sogar Entscheidungen auf der Ebene von Stadtbezirken denkbar. Neben den bestehenden politischen Einheiten können auch neuartige Einheiten geschaffen werden. Ein entsprechender Vorschlag sind die FOCJ (Functional, Overlapping and Competing Jurisdictions); die funktionale Aufgaben, wie zum Beispiel die Wasserversorgung oder die Sicherheit in den dafür geeigneten territorialen Einheiten, mithilfe demokratischer

Verfahren erfüllen. Wesentlich ist bei allen Formen der Dezentralisierung, dass die politischen Einheiten so weit wie möglich ihre eigenen Steuern erheben und damit ihre Ausgaben verantwortungsbewusst festlegen müssen.

Diese institutionellen Veränderungen sollen in keinem Fall von der Regierung autoritär verfügt werden. Vielmehr sollen sie als Vorschläge in den demokratischen Diskursprozess eingehen. Hinter dem Schleier der Ungewissheit, das heißt, bevor die einzelnen Mitglieder der Gesellschaft ihre eigene zukünftige Position kennen, müssen sie sich einigen, welche gesellschaftlichen Regeln in der Zukunft zu gelten haben. Die Glücksforschung macht dafür eindeutige Vorschläge: verstärkte politische Mitbestimmung und – wo immer möglich – Entscheidungen auf lokaler Ebene.

Die verstärkte Mitbestimmung kann sich auch auf andere Organisationen als den Staat beziehen. In einer modernen Gesellschaft wünschen die Menschen vermehrte und wirksame Mitsprache, die ihnen aber an vielen Orten noch verwehrt wird. So besteht noch in vielen eng mit dem Staat verbundenen Organisationen wenig faktische Mitbestimmung, wie etwa in einigen mächtigen Sportorganisationen oder in den Medien.

Ein besonderes Thema ist die Mitbestimmung in den Unternehmen, die in Deutschland zwar weiter geht als wohl in allen anderen Ländern, aber gesetzlich und von oben angelegt ist. Die Glücksforschung betont einen anderen Zugang: Glückliche Mitarbeiter sind produktiver und kreativer. Dieser Zusammenhang muss den Firmen deutlich gemacht werden, was sie dazu veranlassen sollte, aus eigenem Interesse den Mitarbeitern mehr Autonomie zu gewähren und damit ihr Selbstwertgefühl und ihr Kompetenzerlebnis zu stärken.

Glück im laufenden politisch-ökonomischen Prozess

Auf dieser Ebene werden die Verfassung und die grundlegenden gesellschaftlichen Regeln als vorgegeben betrachtet. Wählerinnen und Wähler können aus der Glücksforschung stammende Vorschläge aufnehmen und die Politiker veranlassen, diese zu befolgen. Politiker in der Regierung wie auch in der Opposition können Anregungen aus den Ergebnissen der Glücksforschung ziehen, diese mit der Bevölkerung diskutieren und bei einer positiven Aufnahme in die Tat umsetzen. Politiker werden dies insbesondere dann tun, wenn sie sich daraus einen Vorteil im Wettbewerb um Wählerstimmen versprechen. Aus den oben vorgestellten Ergebnissen der Glücksforschung ergeben sich viele Möglichkeiten. An dieser Stelle sollen nur einige besonders bedeutsame Aspekte diskutiert werden.

Arbeitsmarkt und Wirtschaftswachstum

Arbeitslosigkeit führt zu erheblichen Einbußen im Hinblick auf das Glück der direkt Betroffenen wie auch der anderen Mitglieder der Gesellschaft. Eine Regierung sollte demnach viel Gewicht auf die Verminderung von Arbeitslosigkeit legen. Weil ein ganzes Leben negativ beeinträchtigt werden kann, ist die Verhinderung der Jugendarbeitslosigkeit am wichtigsten. Im Vergleich dazu sollte weniger das Wirtschaftswachstum betont werden, denn gemäß den Ergebnissen der Glücksforschung führen verschiedene Anpassungsprozesse dazu, dass eine Einkommenssteigerung nur eine geringe nachhaltige Steigerung des Glücks bewirkt.

Einkommensungleichheit

Der durch Unterschiede im Einkommen verursachte Status kann als Nullsummenspiel angesehen werden. Wenn eine Person mehr verdient als andere und dadurch an Status gewinnt, geht automatisch der Status der anderen Personen zurück. Die Gesellschaft insgesamt gewinnt nichts. Vielmehr zeigen die Ergebnisse der Glücksforschung, dass verstärkte Einkommensunterschiede die Lebenszufriedenheit der Bevölkerung in den meisten Ländern schmälern. Aus diesem Grund wird häufig vorgeschlagen, hohe Einkommen massiv zu besteuern. Damit soll eine Angleichung der Einkommen erreicht werden. Dagegen können allerdings gewichtige Einwände vorgebracht werden:

- Eine hohe Besteuerung der Gutverdienenden kann negative Anreizwirkungen auslösen und gerade die produktivsten Personen dazu veranlassen, weniger intensiv zu arbeiten oder ihre Tätigkeit in die Schattenwirtschaft zu verlagern. Das Ausmaß an Steuerhinterziehung kann folglich zunehmen. Damit wird die Allokation der Ressourcen verzerrt, was zum Nachteil aller erfolgt.
- Statuswettbewerb ist den Menschen möglicherweise genetisch vorgegeben. Ist dies der Fall, werden die Menschen mehr Gewicht auf andere Statusmerkmale als das Einkommen legen. Einige von ihnen sind durchaus positiv, besonders wenn der Statuswettbewerb anhand der Güte der Bildung betrieben wird. Harmlos ist der Wettbewerb um Titel und Auszeichnungen. Wenn es allerdings um politische Macht geht, kann Statuswettbewerb schädlich sein. Die anderen Mitglieder der Gesellschaft verlieren auch dann, wenn die Oberschicht sich dadurch auszeichnet, möglichst viel Freizeit zu genießen und entsprechende Sportarten zu betreiben. Ebenso negativ ist ein Statuswettbewerb in der Kleidung, der die Unterschiede zwischen Personen auf verschiedenen Ebenen der sozialen Hierarchie besonders deutlich macht.

Aus diesen Gründen ist Skepsis gegenüber einer hohen Besteuerung zur Bekämpfung des Statuswettbewerbs angebracht. Es ist nicht auszuschließen, dass die Menschen als Ergebnis einer solchen Politik weniger glücklich sind als zuvor.

Selbstständigkeit

Viele Menschen streben eine selbstständige Berufstätigkeit an, selbst wenn sie wissen, dass das Risiko und der notwendige Arbeitseinsatz höher sind, das Einkommen jedoch im Durchschnitt geringer ausfällt als bei einer abhängigen Beschäftigung. Deshalb sollten im politischen Prozess Anstrengungen unternommen werden, die bürokratischen Hindernisse für Gründungen zu beseitigen. Entsprechende Schulungsmöglichkeiten sollten gefördert werden.

Freiwilligenarbeit und Spenden

Gutes für andere Menschen zu tun, steigert das eigene Glücksgefühl. Deshalb sollten den Menschen vermehrte Möglichkeiten eröffnet werden, unter guten Bedingungen in karitativen Institutionen tätig zu sein. Geldspenden für karitative Organisationen sollten vermehrt steuerabzugsfähig sein. Ebenso sollten die Nachbarschaftshilfe und die Pflege der Alten und Kranken in den Familien unterstützt werden. Dies würde nicht nur den Staat entlasten, sondern auch die Lebenszufriedenheit der Beteiligten erhöhen.

Familie und soziale Kontakte

Je intensiver die sozialen Beziehungen eines Menschen sind, desto glücklicher ist er. Die Familie vermittelt Stabilität und Vertrautheit; sie sollte zumindest nicht benachteiligt werden, etwa infolge einer höheren Steuerbelastung (wie sie zum Beispiel im Kanton Zürich in der Schweiz besteht). Auch Vereine und Kirchen tragen zum subjektiven Wohlbefinden bei, solange sie sich nicht isolieren, sondern nach außen offen sind. Dabei sollte jedoch nicht hauptsächlich an eine finanzielle Förderung gedacht werden. Die entsprechenden Aktivitäten können auch mittels Auszeichnungen belobigt und unterstützt werden.

Ausbildung

Je besser eine Person ausgebildet ist, desto eher kann sie ihr Potenzial verwirklichen. Eine gute Ausbildung gerade von Schichten, die bisher nur wenig Schulbildung genossen, erhöht die Lebenszufriedenheit. Der Staat kann nicht nur die Schulbildung der Jugendlichen verbessern, sondern vermehrt auch Weiterbildungsangebote fördern.

Städtebau

Die Lebenszufriedenheit der Menschen kann auch erhöht werden, indem Städte so konzipiert werden, dass sie möglichst enge Kontakte zwischen den Einwohnern nicht nur erlauben, sondern fördern. In dieser Hinsicht hat sich die Stadtplanung in den letzten Jahren in vielen Fällen in eine glücksfördernde Richtung entwickelt. Die Betonburgen und tristen Mietskasernen sowie die Dominanz des Autoverkehrs sind zunehmend durch einen mehr auf die Bedürfnisse der Einwohner konzentrierten Städtebau abgelöst worden. Die architektonische Schönheit und Eleganz der Bauwerke wird – anders als bei Retortenstädten wie etwa Brasilia – mit Straßen und Plätzen kombiniert, die den relationalen Bedürfnissen der Menschen entsprechen.

Die Glücksforschung hat im Laufe der letzten Jahre spannende und wichtige Ergebnisse erreicht. Zu den wichtigsten Ergebnissen gehören:

- Personen mit höherem Einkommen bezeichnen sich selbst als glücklicher (ihre subjektive Lebenszufriedenheit ist höher) als Personen mit geringerem Einkommen. Bekannt ist aber auch, dass ein höheres Einkommen zunehmend weniger zusätzliche Lebenszufriedenheit stiftet. Menschen gewöhnen sich recht rasch an ein höheres Einkommen. Zudem vergleichen sie sich vorwiegend mit Personen höheren Einkommens, was ihr Glücksniveau beeinträchtigt.
- Einer der wichtigsten Glückfaktoren sind befriedigende soziale Beziehungen. Wer viele gute Freunde hat und einen intensiven familiären Umgang pflegt, ist mit seinem oder ihrem Leben wesentlich zufriedener als eine sozial isolierte Person.
- Gute körperliche und psychische Gesundheit ist einer der wichtigsten Glücksfaktoren. Es gilt auch der umgekehrte Zusammenhalt: wer glücklich ist, wird auch weniger durch ansteckende Krankheiten beeinträchtigt.
- Wer den Vorzug hat, in einer Demokratie zu leben, ist glücklicher. Zudem sind Menschen zufriedener, wenn möglichst viele politische Entscheidungen auf dezentraler Ebene getroffen werden.

Manche dieser Ergebnisse entsprechen nicht unbedingt dem Alltagsverständnis. Dort wird häufig als selbstverständlich angenommen, dass Menschen in Entwicklungsländern glücklicher sind als solche, die in Ländern mit einem höheren Durchschnittseinkommen leben. Die empirische Forschung belegt anhand von zahlreichen unterschiedlichen internationalen Glücksdaten überwältigend, dass es stark glücksfördernd ist, in einem reicheren Land zu leben. Viele Leute glauben auch,

© Springer Fachmedien Wiesbaden GmbH 2017 41
B.S. Frey, *Wirtschaftswissenschaftliche Glücksforschung*, essentials,
DOI 10.1007/978-3-658-17778-2_13

dass Künstler unglücklich sind, weil sie nur dann produktiv tätig sein und Neues schaffen könnten. Die empirische Forschung widerlegt auch diese Vermutung.

Einige wichtige Ergebnisse der Glücksforschung widersprechen der Vorstellung rational handelnder und auf sich bezogener Personen.

Drei Ergebnisse seien beispielhaft aufgeführt:

- *Arbeitslose* sind wesentlich unglücklicher als Personen, die eine Beschäftigung haben. Dieses Ergebnis gilt selbst dann, wenn die Arbeitslosen keinen Einkommensverlust erleiden müssen. Arbeitslose sollten an sich glücklicher sein. Sie müssen nicht arbeiten, sondern haben viel Freizeit.
- *Selbstständige* arbeiten mehr Stunden und härter als abhängig Beschäftigte. Außerdem beziehen sie im Durchschnitt ein geringeres Einkommen und sind einem höheren Risiko ausgesetzt. Dennoch bezeichnen sich Selbstständige als glücklicher.
- Mehr *Geld* und *Freizeit* sollte den Nutzen immer erhöhen. Empirische Untersuchungen kommen jedoch zum gegenteiligen Ergebnis: Wer Geld spendet oder sich in der Freiwilligenarbeit engagiert, ist glücklicher als solche Personen, die weniger oder nichts schenken.

Lange Zeit hindurch war das Wohlbefinden der Menschen maßgeblich durch die wirtschaftliche Aktivität bestimmt. Früheren Generationen ging es in vielerlei Hinsicht wesentlich schlechter als der heutigen Generation. Der enge Zusammenhang zwischen dem Sozialprodukt und der Lebenszufriedenheit galt bis in die jüngste Vergangenheit und gilt noch immer für heutige Entwicklungsländer.

Seit kurzem hat sich das menschliche Wohlbefinden allerdings von der nur materiellen Güterversorgung getrennt. Andere Aspekte des Lebens sind zunehmend wichtig geworden. Die moderne Glücksforschung in der Ökonomie und Psychologie zeigt empirisch, dass neben einer materiellen Versorgung besonders auch eine befriedigende, mit Autonomie und Mitbestimmung ausgestattete Arbeit und die Intensität sozialer Kontakte für das subjektive Glücksempfinden wichtig sind. Eine sinnvolle Wirtschafts- und Gesellschaftspolitik muss diese Veränderungen berücksichtigen. Auf der konstitutionellen Ebene, auf der die grundlegenden Regeln des menschlichen Zusammenlebens festgelegt werden, gilt es – mittels eines gesellschaftlichen Konsenses – vermehrte politische Mitsprachemöglichkeiten zu eröffnen und die staatlichen Entscheidungen so weit wie möglich dezentral zu fällen. Auf der Ebene des laufenden politisch-ökonomischen Prozesses können von den Bürgerinnen und Bürgern verschiedene Maßnahmen erwogen werden, die es ihnen erlauben, sich ihrer eigenen Glücksvorstellung anzunähern. Beispiele hierfür sind die Förderung der selbstständigen Arbeit, der sozialen Kontakte, der Freiwilligenarbeit und des Spendens.

Hinweise zu weiterführender Literatur

Dieser Beitrag greift an einigen Stellen auf folgende Publikationen des Autors zurück:

Glücksforschung als Glücksfall für die Ökonomie. *Ökonomenstimme,* 2015. http://oekono-menstimme.org/a/936.
Ziele des (glücklichen) Wirtschaftens. Wachstum, Wohlbefinden und Wirtschaftspolitik. Roman Herzog Institut, Position Nr. 13. München 2012;

Übersichten über die Glücksforschung geben:

Clark, Andrew E., Sarah Flèche, Richard Layard, Nattavudh Powdthavee, und George Ward. 2017. *The origins of happiness. How new science can transform our priorities.* Princeton: Princeton University Press.
Frey, Bruno S. 2008. *Happiness – A revolution in economics.* Cambridge: MIT Press.
Frey, Bruno S., und Claudia Frey Marti. 2016. *Glück. Die Sicht der Ökonomie,* 3. Aufl. Glarus: Somedia.
Frey, Bruno S., und Alois Stutzer, Hrsg. 2013. *Recent developments in the economics of happiness.* Cheltenham: Edward Elgar.
Helliwell, John, Richard Layard und Jeffrey Sachs. 2016. *World Happiness Report 2016, update.* Sustainable Development Solutions Network, United Nations.
Layard, Richard. 2012. *Die glückliche Gesellschaft: Was wir aus der Glücksforschung lernen können.* Frankfurt a. M.: Campus.
Weimann, Joachim, Andreas Knabe, und Ronnie Schöb. 2011. *Geld macht doch glücklich: Wo die ökonomische Glücksforschung irrt.* Stuttgart: Schäfer Pöschel.

© Springer Fachmedien Wiesbaden GmbH 2017
B.S. Frey, *Wirtschaftswissenschaftliche Glücksforschung,* essentials,
DOI 10.1007/978-3-658-17778-2

Die psychologischen Aspekte des Glücks werden betont in:

Diener, Ed, und Robert Biswas-Diener. 2008. *Happiness: Unlocking the mysteries of psychological wealth.* New York: Wiley.

Gilbert, Daniel. 2008. *Ins Glück Stolpern.* München: Riemann.

Als wissenschaftliche Überblicksaufsätze stehen z. B. zur Verfügung:

Dolan, Paul, Tessa Peasgood, und Mathew White. 2008. Do we really know what makes us happy? A review of the economic literature on the factors associated with subjective well-being. *Journal of Economic Psychology* 29 (1): 94–122.

Frey, Bruno S., und Alois Stutzer. 2002. What can economists learn from happiness research? *Journal of Economic Literature* 40 (2): 402–435.

Einige weitere im Text verwendete Beiträge sind:

Csikszentmihaly, Mihaly, und Das Flow-Erlebnis. 2002. *Jenseits von Angst und Langeweile: im Tun aufgehen.* Stuttgart: Klett-Cotta.

Frey, Bruno S., und Alois Stutzer. 2014. Economic consequences of mispredicting utility. *Journal of Happiness Studies* 15 (4): 937–956.

Stevenson, Betsey, und Justin Wolfers. 2008. Economic growth and subjective well-being: Reassessing the Easterlin Paradox. *Brookings Papers on Economic Activity* 39 (1): 1–87.

Stutzer, Alois. 2004. The role of income aspirations in individual happiness. *Journal of Economic Behavior and Organization* 54 (1): 89–109.